O PLANO PERFEITO EM POESIA

Editora Appris Ltda.
1.ª Edição - Copyright© 2025 da autora
Direitos de Edição Reservados à Editora Appris Ltda.

Nenhuma parte desta obra poderá ser utilizada indevidamente, sem estar de acordo com a Lei nº 9.610/98. Se incorreções forem encontradas, serão de exclusiva responsabilidade de seus organizadores. Foi realizado o Depósito Legal na Fundação Biblioteca Nacional, de acordo com as Leis nos 10.994, de 14/12/2004, e 12.192, de 14/01/2010.

Catalogação na Fonte
Elaborado por: Dayanne Leal Souza
Bibliotecária CRB 9/2162

P348p 2025	Paz, Sulamita O plano perfeito em poesia / Sulamita Paz. – 1. ed. – Curitiba: Appris, 2025. 46 p. ; 21 cm. Inclui referências. ISBN 978-65-250-7329-3 1. Salvação. 2. Fé. 3. Plano de salvação. I. Paz, Sulamita. II. Título. CDD – 234

Editora e Livraria Appris Ltda.
Av. Manoel Ribas, 2265 – Mercês
Curitiba/PR – CEP: 80810-002
Tel. (41) 3156 - 4731
www.editoraappris.com.br

Printed in Brazil
Impresso no Brasil

SULAMITA PAZ

O PLANO PERFEITO EM POESIA

CURITIBA, PR
2025

FICHA TÉCNICA

EDITORIAL	Augusto V. de A. Coelho Sara C. de Andrade Coelho
COMITÊ EDITORIAL	Marli Caetano Andréa Barbosa Gouveia (UFPR) Edmeire C. Pereira (UFPR) Iraneide da Silva (UFC) Jacques de Lima Ferreira (UP)
SUPERVISORA EDITORIAL	Renata C. Lopes
PRODUÇÃO EDITORIAL	Sabrina Costa
REVISÃO	Bruna Fernanda Martins
ILUSTRAÇÃO	Elizabeth Semelle Silva Barros
DIAGRAMAÇÃO	Amélia Lopes
CAPA	Mariana Brito
REVISÃO DE PROVA	Jibril Keddeh

AGRADECIMENTOS

Rendo graças ao meu Senhor e único Deus, por ter me capacitado na produção deste livro. O Senhor Deus é o meu rochedo, o meu lugar forte e o meu libertador, a Ele externo toda a minha dedicação e devoção.

Em segundo lugar, sou grata também à minha família, principalmente ao meu esposo, Charles Gomes da Silva, e aos meus dois filhos, Jessé Gomes e João Gomes. Desde sempre me incentivaram a completar essa grande missão de concluir este livro, tão somente para exaltar, glorificar e proclamar o nome do nosso Senhor Jesus Cristo.

Faço aqui também minha homenagem póstuma ao meu pai, João Alves da Paz, e à minha mãe, Ângela Maria Gabriel da Paz, por terem me educado no caminho que conduz à vida. Por intermédio deles eu pude obter a mais grandiosa e rica das heranças, que é a de conhecer o verdadeiro evangelho do Senhor Jesus, herança que me fará ter vida eterna com Deus.

Agradeço também aos meus irmãos: Cláudia Paz, Joaogulart Paz e Galileu Paz, por toda a amizade, pelo companheirismo e por me apoiarem na produção desta obra.

*Dedico este livro a todos que já tiveram
e/ou que desejam ter um encontro com Deus.*

APRESENTAÇÃO

Combater o bom combate, terminar a corrida e guardar a fé são os requisitos, segundo a carta de II Timóteo 4:7, para que os seres humanos possam ser coroados com a coroa da justiça reservada pelo Senhor, justo juiz. A Bíblia está recheada de histórias que nos impulsionam a entendermos de onde viemos, quem somos e para onde iremos. Foi lutando com gigantes, sobrevivendo a covas dos leões, fazendo-se pescadores de homens que os servos de Deus puderam compreender as revelações de Deus para sua vida.

De acordo com a Enciclopédia de Champlin (1995, p. 527, letras B), a palavra Bíblia veio a designar o livro dos livros, as Escrituras Sagradas, compostas do Antigo e do Novo Testamentos, a principal fonte de ensinamentos religiosos e éticos de nossa civilização. A Bíblia é uma coletânea de 66 livros: 39 no Antigo Testamento e 27 no Novo Testamento, que foram reunidos em um só volume a partir do processo de canonização. A Bíblia é a palavra de Deus, por meio dela podemos entender quem é Deus e os seus princípios, como também aprender como podemos viver debaixo de sua graça e vontade.

O livro *O plano perfeito em poesia* propõe ao leitor uma reflexão sobre o plano da salvação planejado e estabelecido pelo Senhor Deus desde a antiguidade. Para isso, iremos perpassar por alguns livros de Gênesis a Apocalipse elucidando o plano da Salvação por meio do Senhor Jesus Cristo.

PREFÁCIO

É com grande satisfação que apresento *O plano perfeito em poesia*, de Sulamita Gabriel da Paz, uma obra que vai além da arte literária para se tornar uma poderosa declaração de fé. Ao longo de cada página, o leitor é guiado por um percurso de espiritualidade profunda, enraizado nas Escrituras, e apresentado de maneira poética, acessível e, acima de tudo, inspiradora.

Este livro, construído em torno do Plano Divino de Salvação, faz um convite especial ao leitor: uma jornada de reconciliação com Deus, começando na criação, passando pelo sacrifício de Cristo, até o iminente retorno glorioso de Jesus. As poesias não apenas falam ao coração, mas também ensinam, oferecendo uma reflexão bíblica rica em clareza teológica e acessibilidade. A autora demonstra uma habilidade excepcional em articular conceitos teológicos complexos com sensibilidade poética, o que torna sua obra não apenas um tributo à fé cristã, mas também um guia espiritual para todos que buscam compreender melhor os planos de Deus.

O poder transformador das palavras de **Sulamita** se destaca em poesias como "De onde viemos?", que nos lembra da nossa origem e da queda da humanidade, levando à reflexão sobre a importância da reconciliação com o Criador. Em "Uma nova aliança", a autora evoca a restauração e o arrependimento, lembrando-nos de que, mesmo nos momentos mais difíceis, Deus oferece o caminho de volta por meio de Cristo.

A intensidade da narrativa alcança seu ápice com a poesia "O túmulo está vazio", uma celebração do milagre da ressurreição de Cristo, que relembra ao leitor que, por meio de Seu sacrifício, a humanidade recebeu a promessa de vida eterna. E, para encerrar com grande impacto, "A vinda gloriosa de Jesus" nos desperta para a realidade iminente da volta de Cristo, ensinando sobre a importância da perseverança na fé e da preparação espiritual.

Cada verso de *O plano perfeito em poesia* revela a devoção de Sulamita e sua conexão íntima com Deus. A clareza e a fluidez de suas rimas permitem ao leitor envolver-se emocionalmente e espiritualmente com o conteúdo, tornando esta obra não apenas um prazer literário, mas também uma fonte de transformação espiritual.

Este é um livro para ser lido com o coração aberto, com a mente voltada à reflexão, e com a alma pronta para ser tocada pela mensagem de redenção e esperança. Ao terminar cada página, é impossível não sentir o chamado para uma vida mais próxima de Deus, mais consciente de Seu plano e mais comprometida com a fé.

Leitor, prepare-se para uma viagem espiritual guiada por palavras que transcendem o tempo e ecoam na eternidade.

Gabriel Lemos

SUMÁRIO

CAPÍTULO I
A ORIGEM..15
CRIAÇÃO E QUEDA DO HOMEM....................................16
POESIA 1: DE ONDE VIEMOS?....................................16
A ALIANÇA..18
POESIA 2: UMA NOVA ALIANÇA................................18

CAPÍTULO II
CUMPRIMENTO DA PROMESSA..................................21
A SOLUÇÃO E O CONVITE..22
O NASCIMENTO DE CRISTO..23
POESIA 3: O VERBO ENCARNOU................................23
POESIA 4: JESUS, A LUZ DO NATAL...........................24
O MINISTÉRIO DE JESUS..25
POESIA 5: CRISTO, O ARQUÉTIPO DOS MINISTROS....25
POESIA 6: QUEM É ESTE?..26
MORTE E RESSURREIÇÃO..29
POESIA 7: O TÚMULO ESTÁ VAZIO............................29

CAPÍTULO III
O SER HUMANO ALCANÇADO PELA GRAÇA.............31
A AÇÃO DO ESPÍRITO SANTO..32
POESIA 8: NO PODER DO SANTO ESPÍRITO PROCLAMAS CRISTO................32
POESIA 9: CRISTO, A SOLUÇÃO PARA O MUNDO SEM DIREÇÃO....................34
POESIA 10: O CARIMBO SANTO..................................37
POESIA 11: CRESCIMENTO ESPIRITUAL.....................37
POESIA 12: CHEGAI-VOS A DEUS................................39

CAPÍTULO IV
IMINENTE VOLTA DE CRISTO **41**
POESIA 13: A VINDA GLORIOSA DE JESUS 43

REFERÊNCIAS **45**

CAPÍTULO 1
A ORIGEM

CRIAÇÃO E QUEDA DO HOMEM

O livro de Gênesis relata a origem de todas as coisas apresentando a soberania de Deus na criação do universo. Narrado de uma forma espetacular, apenas os que possuem um olhar repleto de fé enxergam cada feito e realização de um Deus independente e necessário para que as demais formas de vida existam. A Enciclopédia de Champlin (1995 p. 55, letra S) afirma: "Deus é o pináculo de toda a vida, sua fonte e sustentáculo."

POESIA 1: DE ONDE VIEMOS?

Irei contar para você
Como o universo começou a nascer
Lá no início de tudo...
A voz de Deus fez a luz aparecer.

Mar e céu
Oceanos, terra, plantas e árvores
Sol, peixes e aves
Criados através do amor e da voz
E não do pensamento atroz.

E assim, Gênesis entra em ação
Apenas por meio da fé,
da ordem divina
O universo, a Terra se origina

Tudo lindo, uma verdadeira obra-prima.
Deus único, eterno e fiel
Com amor e satisfação
Também criou o primeiro homem, chamado Adão.

Mas Adão precisou de uma companhia
Então, surgiu na história a rainha
Assim, fez o Senhor o homem adormecer
E de suas costelas fez Eva florescer.

Satanás, sorrateiro e invejoso
Disfarçado de serpente, convenceu Eva a agir diferente
Da ordem primeira de não comer do fruto
Que acabaria com a alegria provocando o luto.

O livro de Gênesis leva-nos a compreender
De onde viemos e como chegamos,
Neste estado de guerra que nos encontramos
Mas também relata a divina graça
Sobre o homem e sua raça.

Assim, ao ouvir esta reflexão
Cabe a você reconciliar-se com Cristo
Para obter o perdão
Comendo o fruto da justificação.

A ALIANÇA

Em todo o Antigo Testamento destacam-se a partir das histórias citadas os seguintes temas: o monoteísmo, redenção (Gênesis 3:15), a expectação messiânica (Mal. 3: 1 a 3), o princípio do pacto, o homem como uma raça decaída no pecado, a orientação da providência divina sobre a história e a tradição profética. O antigo Testamento sustenta uma relação vital, preparatória e inseparável para com o novo Testamento.

O próximo poema tem como base a história do livro de Jeremias, em que relata os últimos dias de Judá por conta das práticas e ritos idólatras e supersticiosos do povo. Por intermédio do profeta Jeremias, Deus advertiu o povo sobre a inutilidade da confiança deles nos deuses pagãos. Mas a principal mensagem do livro de Jeremias é sobre o novo pacto (Jeremias, Cap. 31: 31 ao 34).

> Eu colocarei minha lei no seu íntimo, e a escreverei nos seus corações... (Jeremias, Cap. 31: 33).

E essa mesma promessa de Deus é mencionada em Hebreus (8: 8-12; 10: 16-17), reafirmando uma nova aliança de Deus e o homem por meio de Cristo.

POESIA 2: UMA NOVA ALIANÇA

Jeremias tinha apenas 20 anos
Quando Deus o convocou
Para anunciar a mensagem do Senhor
Ao povo indiferente, que longe de Deus andou.

Guiado por Deus, Jeremias a sua voz ergueu
Declarou 157 vezes: "Assim diz o Senhor".
Povo de Judá e Jerusalém, volte-se para o seu Deus
Enquanto a destruição não vem.

Judá, cada vez mais rebelde, adorando a ídolos
Não quis dar ouvidos ao grande profeta de Deus
Antes, mergulhava-se no mar sem volta
Da ignorância dos pecados seus.

Os exércitos babilônicos vieram do Norte
E invadiram Judá, vieram com carros de fogo...
Pois Deus não encontrou, ao menos, um nobre
Com integridade, vivendo por lá.

Os horrores da destruição Jeremias descreveu
Mas o povo não acreditou
Acharam que Deus não cumpriria
O que por intermédio do profeta prometeu.

Dessa forma Deus castiga seu povo pecador
O profeta andou triste e implorou:
"Afastem-se de suas maldades..."
Mas o povo a mensagem recusou!

Enquanto Jeremias obedecia a Deus e sofria
O povo, aparentemente, vivia feliz e sorria
Mas Deus mostrou que na aparência
Não há verdadeira alegria
O inimigo arrancado pela raiz seria!

Um calção arruinado
Serviu para explicar
Que Judá um dia tinha sido notável

Mas que logo seria desprezada
Por sua idolatria.

Um longo período sem chover
Deixou o povo sem comer
O coração do profeta doía
Mas com oração e fé em Deus ele prosseguia.

Jeremias não teve permissão para casar.
Plano de Deus, para que o povo pudesse analisar:
"Para que casar e ter filhos?"
A Babilônia irá atacar.

Porém, Deus tem poder
Para criar e destruir nação
Foi na casa do oleiro
Que Jeremias provou essa visão.

Deus cumpridor de promessas
Disciplina seu povo
Mas lhes promete esperança...
De um novo dia e uma nova aliança.

CAPÍTULO II
CUMPRIMENTO DA PROMESSA

A SOLUÇÃO E O CONVITE

Como já mencionado, a vida de Deus é independente e necessária. Sim, Deus tem vida independente, porque depende somente de si mesmo para existir; e tem vida necessária porque essa forma de vida não pode deixar de existir. Foi esse tipo de forma de vida que o filho recebeu por ocasião de sua encarnação, na posição de cabeça federal da raça remida e, por meio dele, os remidos também recebem essa forma de vida (Champlin, 1995, p. 55, letra D). No livro de João cap. 1, os versos 1, 2, 3 e 14 afirmam que Deus Pai se fez carne e habitou entre os homens.

> No princípio era o Verbo, e o Verbo estava com Deus, e o Verbo era Deus. Ele estava no princípio com Deus. Todas as coisas foram feitas por ele, e sem ele nada do que foi feito se fez. Nele estava a vida, e a vida era a luz dos homens. [...] E o Verbo se fez carne, e habitou entre nós, e vimos a sua glória, como a glória do unigênito do Pai, cheio de graça e de verdade.

Dessa forma o Senhor Deus cumpre com a promessa anunciada pelos profetas em enviar o messias para salvação de todo aquele que crer.

> Em verdade, em verdade vos digo que vem a hora, e agora é, em que os mortos ouvirão a voz do Filho de Deus, e os que a ouvirem viverão. Porque, como o Pai tem a vida em si mesmo, assim deu também ao Filho ter a vida em si mesmo; E deu-lhe o poder de exercer o juízo, porque é o Filho do homem (João 5: 25 ao 27).

E, ainda, em João 6: 57 afirma: "Assim como o pai, que vive, me enviou, e eu vivo pelo pai; assim quem de mim se alimenta também viverá por mim."

O NASCIMENTO DE CRISTO

POESIA 3: O VERBO ENCARNOU

Despojada de seu noivo estava Maria
Quando o anjo se aproximou dela e dizia:
"Mulher, achaste graça diante de Deus,
No teu ventre será gerado o Rei dos Judeus".

E em uma noite singular
Nasceu o verbo de Deus
Entre os homens se fez carne
Mudando a sorte da humanidade.

Os pastores no campo estavam
Quando o anjo lhes apareceu
Oh! Que maravilhosa graça anuncio agora
Vai e vedes o menino que vos trará a vitória.

E a estrela que no céu brilhava
Guiou os sábios até Belém
E parando sobre o lugar que o menino estava
O louvaram com a voz e presentes também.

Três presentes o Deus-menino ganhou:
Ouro, incenso e mirra os sábios o entregaram
A fim de testificar que ali nascera
O Emanuel, Rei, sacerdote e Salvador.

Ele é a verdadeira luz
E ilumina todo homem
Que em seu coração o conduz
Libertando o homem do pecado que o seduz.

POESIA 4: JESUS, A LUZ DO NATAL

Refletem por todos os lados
As luzes de mais um Natal.
O povo está animado
Em festejar mais um ritual.

Compras de presentes,
O peru, a árvore e o papai Noel estão nas mentes
Esquecem que o verdadeiro Natal
Só se faz com Jesus, literalmente.

O Rei nascido é Jesus!
Ele quem deve ser adorado
Ele é a divina e verdadeira luz,
Que deve brilhar e ser lembrado.

Que nesta comemoração
Possamos abrir o coração
Deixar Jesus fazer morada
E a festa do Natal a Ele ser dedicada.

O MINISTÉRIO DE JESUS

POESIA 5: CRISTO, O ARQUÉTIPO DOS MINISTROS

Sabes tu quem é Cristo?
Conheces o seu ministério?
Ele é o Deus encarnado,
Ministro de Deus aprovado.

É o Emanuel, o Deus conosco
Yhaweh é Nele representado,
Para oferecer ao ser humano redenção
A partir das boas novas de salvação.

O caráter messiânico de Jesus
Foi evidenciado e comprovado
Pelos seus muito e poderosos feitos
Em todos os lugares e povoados.

O testemunho de João Batista o favorecia
"Eis o cordeiro de Deus,
Que tira o pecado do mundo
Sobre Ele está a primazia".

José de Arimateia, Chefe do Sinédrio
Também o recebeu como Messias
Por semelhante modo a mulher samaritana
Quando o conheceu em um poço em Samaria.

Jesus como filho do homem
Apresentou-se como servo de Deus
Rebaixou-se à natureza humana
Para mostrar o caminho do céu aos seus.

Com a chegada do Messias prometido
Inicia-se a Era da intervenção redentora
Da parte de Deus para o homem perdido
Salvando-o da ira vindoura.

O ministério de Jesus foi divinamente determinado
E aqueles que desejam ser espiritualmente santos
Precisam com seus atos imitá-lo
Para o serviço estarem sempre prontos.

POESIA 6: QUEM É ESTE?

(Poesia baseada em Mateus Cap. 8: 23 ao 27)

Ao entardecer, junto ao mar da Galileia,
Falou Cristo aos seus discípulos:
"Passemos para a outra margem".
Eles despedindo-se da multidão
Obedeceram a Cristo com grande satisfação.

Porém, quem poderia imaginar
Que uma tempestade iria se levantar
O vento forte a soprar...!
Imensas ondas o barco tentaram naufragar.

O Mestre Jesus tranquilo dormia
Pois sabia que o vento, o mar e a tempestade dominaria
Mas os discípulos atemorizados, exclamavam:
"Mestre, Mestre, não importa que morramos?
Como podes em plena tempestade descansar?
Levanta-te Senhor e ajuda-nos a navegar!"

Jesus atendendo ao clamor
Repreendeu o vento e o mar:
"Aquietas, silencia-te".
E tudo, rápido, retornou ao seu lugar.

Mas Jesus indagou aos discípulos:
"Como podes ser covardes?
Ainda não tendes fé?
Mesmo se em teu barco eu estiver?"

Os discípulos tomados de temor
Falaram uns aos outros com tremor:
"Quem é este grandioso em poder?
Que até o vento e o mar lhes faz obedecer?"

Quem é Este?
Este é aquele que no princípio criou todas as coisas,
E todas as coisas foram feitas Dele, por Ele e para Ele.

Quem é Este?
Este é aquele que sustenta o universo com a suas próprias mãos;
Que os profetas falaram e os patriarcas apontaram.

Quem é Este?
Este é aquele que foi simbolizado pelo Cordeiro Pascoal;
Maná que caiu do céu;
Água que brotou da rocha;
E pela nuvem e coluna de fogo
Que guiou o povo de Israel.

Quem é Este?
Este é o filho de Deus
Que nasceu numa manjedoura
Cresceu numa carpintaria
Andou por toda parte,
Libertando, curando, ensinando e salvando a todos os que o seguiam.

MORTE E RESSURREIÇÃO

POESIA 7: O TÚMULO ESTÁ VAZIO

O Deus menino que em Belém nascera
Naquela noite tão bela
Tinha como missão
Romper as cadeias da prisão.

Prisão eterna que o homem se submeteu
Quando do fruto do pecado comeu
Lá no Éden, lindo jardim
O contato entre o homem e Deus teve fim.

Mas os textos Bíblicos são bem claros
Um reencontro foi divinamente planejado
Entre Deus pai e o homem pecador
Por meio da morte de seu filho amado, o Redentor.

Dessa feita, a morte de Cristo não foi um acidente
Mas a maior declaração de amor já existente
Amor do Deus Onisciente, Onipresente e Onipotente,
Que ofereceu seu único filho para morrer pelos pecados da gente.

Falam as Santas Escrituras
Que no tempo de Pilatos
Tramaram contra Jesus
Com um Beijo foi traído e maltratado até a morte de cruz.

Pilatos indagou: "És tu o Rei dos judeus?"
"Tu o dizes", Jesus respondeu
Os principais sacerdotes e os anciãos o acusaram
Mas Cristo calado permaneceu, não se defendeu.

O preço pago pelas almas foi infinitamente alto
Cuspido e espancado fora Jesus
Abertos em um madeiro foram seus braços
Suportando os nossos pecados.

Contudo, para contrariar o aguilhão da morte
A Páscoa não terminou em um funeral
Mas a maior notícia que o mundo já ouviu
Veio do túmulo vazio.

Sim, Cristo de fato ressurgiu
E a verdade gloriosa da ressurreição nos libertou
O véu do templo foi rasgado
E o relacionamento com Deus restaurado.

Apenas Cristo venceu a morte
O seu túmulo está vazio
Os de Buda, Alan Kardec e Maomé podem ser visitados,
Mas o de Cristo foi desmontado.

Alegremo-nos, glorifiquemos a Deus!
O nosso último endereço não será a sepultura,
Pois o nosso salvador ressuscitou
E nos livrou da ira vindoura e da eterna amargura.

CAPÍTULO III

O SER HUMANO ALCANÇADO PELA GRAÇA

A AÇÃO DO ESPÍRITO SANTO

A principal missão da igreja de Cristo é evangelizar, ou seja, anunciar as boas novas de salvação à humanidade. Assim disse Jesus: "Portanto, ide, ensinai todas as nações, batizando-as em nome do Pai, e do Filho, e do Espírito Santo" (Bíblia, Mateus 28: 19). Quando Jesus estava prestes a ascender ao céu para sentar-se à direita do Pai, ele ordenou aos apóstolos a levarem a mensagem de salvação para além das fronteiras judaicas, a todos os povos da Terra. Em Atos, Cap. 1, verso 8, lê-se:

> Mas recebereis a virtude do Espírito Santo, que há de vir sobre vós; e ser-me-eis testemunhas, tanto em Jerusalém como em toda a Judeia e Samaria, e até os confins da terra.

Cristo tinha declarado que os cristãos receberiam poder quando o Espírito Santo descesse sobre eles, capacitando-os a serem suas testemunhas em todo o mundo.

Portanto, a igreja deve expandir, proclamar e testemunhar as maravilhas que tem aprendido por meio do estudo da palavra de Deus, a Bíblia Sagrada, e isso deve ser feito com poder e autoridade promovidos pelo Espírito Santo em suas vidas.

POESIA 8: NO PODER DO SANTO ESPÍRITO PROCLAMAS CRISTO

Queres maior prova do teu arrependimento?
Queres maior prova da tua transformação?
Analisa se em tua vida há verdadeira unção,
Promovida pelo Santo Espírito em teu coração.

Unção de poder...
Que faz a família crescer,
A igreja prevalecer,
E a nação a Cristo conhecer.

Contudo, a virtude do Espírito procuras obter
A partir de uma vida transformada
A fim de anunciares o propósito de Cristo e seu querer
De converter a humanidade a respeitar a Bíblia Sagrada.

Sejais testemunhas do Santo evangelho
Evangelho da pureza, do respeito e do amor
Que salva, que liberta da eterna prisão:
A vida sem Cristo e sem salvação.

Jesus Cristo é a única solução para o homem pecador
Por meio dele você experimenta o verdadeiro amor
O Plano de Deus para a sua vida
E para essa geração perdida.

Ele morreu em nosso lugar
Ele ressuscitou dentre os mortos
Para livrar os homens dos caminhos tortos
E toda lágrima enxugar.

E de acordo com a canção:
Descerá sobre ti o Espírito Santo
E o poder do altíssimo te envolverá
E então tua alma viverá, teu espírito renovará
E no teu corpo, tudo novo... tudo novo se fará.

Onde anunciar?
Onde Deus te designou
Ali falarás do seu amor
Onde estás plantando tua lavoura...
Proclamas o Deus nascido na manjedoura

Compartilha, então, esta sinfonia
Em Jerusalém, Judeia e Samaria
E não vos esqueçais dos confins da terra
Cumpre o chamado dessa missão eterna.

POESIA 9: CRISTO, A SOLUÇÃO PARA O MUNDO SEM DIREÇÃO

A humanidade está cativa
Escrava de suas ilusões.
A Bíblia, das famílias e escolas, foi banida
E o antropocentrismo move as relações.

Este é o retrato do mundo atual;
O misticismo e o paganismo dominam o homem natural;
Tiraram Deus do centro de tudo
Tornaram tamanho pecado normal.

A fornicação e o aborto
Prevalecem na prática imoral;
O divórcio e o adultério são pecados
E a consequência pode levar ao cemitério.

Tudo é relativo, fala o pervertido,
Pecado não mais existe!
O importante é fazer feliz o "umbigo",
Mesmo que o fim seja triste.

Famílias pelo efeito do álcool se desfazendo;
Crianças e jovens desprezados se corrompendo,
Ações humanas egoístas e inconsequentes
Levando o mundo a uma crise iminente.

Como resolver tudo isso?
Está em Cristo a solução!
O homem precisa seu ego renunciar.
E priorizar Deus em seu coração.

Para aquele que se encontra com Cristo
A transformação é inevitável.
Todo costume ruim joga fora no lixo
E segue a Deus com fé inabalável.

Fé Naquele que muda a mente,
Atitudes e coração profundamente.
Promove conversão, poder e paz
Naquele que em Deus se satisfaz.

Ao ler as Santas Escrituras,
Podemos explorar a vida de Jacó,
Homem astuto e ambicioso
Transformado num patriarca amoroso.

Jacó teve um encontro com Deus,
Lá no Vau do Jaboque.
A luta foi intensa e marcante...
Deus mudou sua sorte!

Israel agora é seu nome,
Concedido pelos céus,
Lutou com Deus e os homens,
Tornou-se príncipe e servo fiel.

Foi através da geração de Abraão, Isaque e Jacó
Que Deus escolhera a nação
Da qual nasceria o Cristo,
Protagonista do Plano Perfeito da Salvação.

Plano que salva e cura,
Plano que restaura vidas,
Remove as impurezas do coração
Promovendo fé e comunhão.

E você, meu caro leitor,
Quem vais escolher como teu benfeitor?
Escolherás teu ego incapaz?
Ou a Cristo te voltarás?

A decisão deve ser assertiva
Se quiseres mudar tua vida
Mudança plena e de verdade,
Não aparência e mediocridade.

Convertei-vos a Cristo,
Somente Ele pode transformar o coração arisco,
Segura-o e não o solte,
Ele te dará um nome forte

POESIA 10: O CARIMBO SANTO

A salvação é ação divina
Vamos todos compreender
Quando o homem com Cristo se encontra
O Espírito Santo enche-o de seu poder.

Deus, o pai, vos escolheu;
Deus, o filho, vos libertou;
Deus, o Santo Espírito, vos regenerou
E com carimbo santo vos selou.

Aprovado foste como servo;
Selado pelo Santo Espírito;
És autêntico e não híbrido;
Purificado pelo sangue de Cristo.

De Deus és propriedade exclusiva
O inimigo não pode te tocar;
Preparado estás para a futura redenção,
Viver eternamente com o pai em comunhão.

POESIA 11: CRESCIMENTO ESPIRITUAL

Crescer é aumentar de tamanho,
Mediante absorção de nutriente.
Indica progresso, prosperidade e incremento,
Para se ter uma vida saudável e reluzente.

O ciclo da vida inicia ao nascer,
Todo organismo vivo tende a crescer;
Com inteligência, chega a maturidade,
E com tristeza, a morte sem piedade.

Mas na vida espiritual é diferente.
O ciclo começa em Cristo, o nascer,
E com a ação do Santo Espírito
A ordem é crescer e eternamente viver.

A morte eterna não mais existe
Para aqueles que estão em Jesus.
Cristo pagou um preço triste
A fim de conduzir o homem à eterna luz.

Vós recém-nascidos em Cristo,
Alimentem-se da palavra, do leite sincero.
Para cresceres espiritualmente
E servires a Deus apropriadamente.

Crescei no conhecimento e na prática;
No amor que edifica,
Na palavra por tua boca proferida,
Pois do que está cheio teu coração, te edifica.

O ser íntegro e coerente
Também deve ser prática dos crentes;
Pensar no que é bom e perfeito
Equilibra o corpo e a mente.

Santifique-se com a leitura da Bíblia
Com estudos e orações diariamente.
Consagre a sua vida
Àquele que te conhece profundamente.

POESIA 12: CHEGAI-VOS A DEUS

Chegai-vos a Deus,
Chegai-vos através da fé,
Pois a fé é a luz que te faz ver
O que Deus preparou para você.

Chegai-vos a Deus,
Chegai-vos pelo poder do amor,
Pois foi através dele
Que Cristo, na cruz, te resgatou.

Chegai-vos a Deus,
Chegai-vos com temor,
Respeito e não medo.
E o adore com sinceridade e fervor.

Chegai-vos a Deus,
Chegai-vos através do serviço,
Quanto mais você serve,
Mais você se torna, a Deus, submisso.

Chegai-vos a Deus,
Chegai-vos pelo poder do perdão,

O teu coração precisa perdoar
Para poderes a Cristo celebrar.

Chegai-vos a Deus,
Pois ele é santo, justo e fiel,
Cheio de bondade, graça e misericórdia
E deseja, através de Cristo, conduzir-te ao céu.

CAPÍTULO IV
IMINENTE VOLTA DE CRISTO

Várias passagens bíblicas afirmam que o Senhor Jesus um dia irá retornar para buscar sua amada igreja, assim como afirma o livro de Atos, Cap. 1, versos 10 ao 11:

> E, estando com os olhos fitos no céu, enquanto ele subia, eis que junto deles se puseram dois homens vestidos de branco. Os quais lhes disseram: Homens galileus, por que estais olhando para o céu? Esse Jesus, que dentre vós foi recebido em cima no céu, há de vir assim como para o céu o vistes ir.

Assim sendo, a igreja aguarda a iminente volta de Cristo a qual está prestes a acontecer considerando os fatos já ocorridos e os que hão de acontecer no mundo. No livro de Mateus o Senhor Jesus enumera a sequência de sinais e acontecimentos que a terra e a humanidade iriam presenciar e sofrer até o cumprimento da promessa de sua volta. Em Mateus, Cap. 24, versículos 3 a 14, lê-se:

> No monte das Oliveiras, achava-se Jesus assentado, quando se aproximaram dele os discípulos, em particular, e lhe pediram: Dize-nos quando sucederão estas coisas e que sinal haverá da tua vinda e da consumação do século. E ele lhes respondeu: Vede que ninguém vos engane. Porque virão muitos em meu nome, dizendo: Eu sou o Cristo, e enganarão a muitos. E, certamente, ouvireis falar de guerras e rumores de guerras; vede, não vos assusteis, porque é necessário assim acontecer, mas ainda não é o fim. Porquanto se levantará nação contra nação, reino contra reino, e haverá fomes e terremotos em vários lugares; porém tudo isto é o princípio das dores. Então, sereis atribulados, e vos matarão. Sereis odiados de todas as nações, por causa do meu nome. Nesse tempo, muitos hão de se escandalizar, trair e odiar uns aos outros; levantar-se-ão muitos falsos profetas e enganarão a muitos. E, por se multiplicar a iniquidade, o amor se esfriará de quase todos. Aquele, porém, que perseverar até o fim, esse será salvo. E será pregado este evangelho do reino por todo o mundo, para testemunho a todas as nações. Então, virá o fim.

Contudo, conclui-se que Jesus está voltando para buscar sua igreja, mas você pode perguntar: quem é que faz parte da igreja do Senhor? Quem é a igreja de Jesus? Em reposta, pode-se afirmar que a igreja é composta por todos quantos realmente confiam o controle de sua vida aos cuidados de Cristo, entregando-lhe a própria alma e sendo habitados pelo Espírito Santo, vivendo em obediência à palavra de Deus por meio da conversão. Portanto, segundo a sua promessa, aguardamos novos céus e nova terra, em que habita a justiça.

POESIA 13: A VINDA GLORIOSA DE JESUS

A mensagem que trago agora
Está por muitos esquecida
Mas buscando as mentes despertar
Lembrarei as palavras que pelos santos profetas foram ditas.

Palavras que prediziam
Os acontecimentos que estavam por vir
Sinais que anunciam
A grande realidade do fim.

Os últimos dias...
O que falar dos últimos dias?
Na verdade, falar não mais precisaria
Pois a evidência está à vista
A terra geme sua despedida.

Sim, os sinais são bem claros:
Nação contra nação, reinos contra reinos;
Fome, pestes, terremotos...
E falsos profetas proferindo discurso de morte.

Homens amantes de si mesmos...
Avarentos, presunçosos e maldosos.
Aparentando serem cheios de piedade,
Mas falta-lhes a essência da verdade.

Fiquem atentos, já estamos nos últimos dias
Os falsos mestres afirmam que não,
Sufocam a verdade, não aceitam Jesus como guia.
Não mudam de conduta nem de opinião.

Portanto, acreditem:
A Terra pela palavra de Deus foi criada
E por intermédio da mesma palavra ocorreu o dilúvio.
O arco certifica: por água a terra não destruída será;
O juízo agora será com fogo que tudo consumirá.

E os céus passarão com grande estrondo
A Terra e as obras que nela há em fogo se desfarão.
O incêndio será global
Mente humana jamais imaginou igual.

Ao ser aberto o sexto selo, o sol escurecerá;
A lua como sangue se tornará;
O céu, como rolo de papel se enrolará
E eis que Cristo vem, e todo olho o verá.

Ele vem! Sim ele vem
Para consumar a história
Sua vinda será inescapável e inesperada
E aquele que Nele estiver terá a eterna vitória.

REFERÊNCIAS

BÍBLIA. **Bíblia Online**. Disponível em: https://www.bibliaonline.com.br/. Acesso em: 23 set. 2024.

CHAMPLIN, R. N. **Enciclopédia de Bíblia, Teologia e Filosofia**. São Paulo: Hagnos, 1995.